AF503096

NOTICE

SUR

LA VIE DE M. L'ABBÉ FAVRE

PAR UN DE SES AMIS,

LE P. J.-M. VANDEL

DE NERNIER

Missionnaire du Sacré-Cœur.

Avec l'approbation de Mgr l'Evêque d'Annecy.

Dilectus Deo et homilibus, cujus memoria in benedictione est.
(Eccl. ch. XLV, v. 1).

« Aimé de Dieu et des hommes, sa mémoire est en bénédiction. »

PRIX : 50 Centimes.

*Au Pèlerinage de Notre-Dame du Sacré-Cœur,
à Issoudun (Indre)
chez les Sœurs de St-Joseph, à Nernier,
par Douvaine (Haute-Savoie).*

L 27 n
29626

NOTICE

SUR

LA VIE DE M. L'ABBÉ FAVRE

PAR UN DE SES AMIS

LE P. J.-M. VANDEL

DE NERNIER

Missionnaire du Sacré-Cœur.

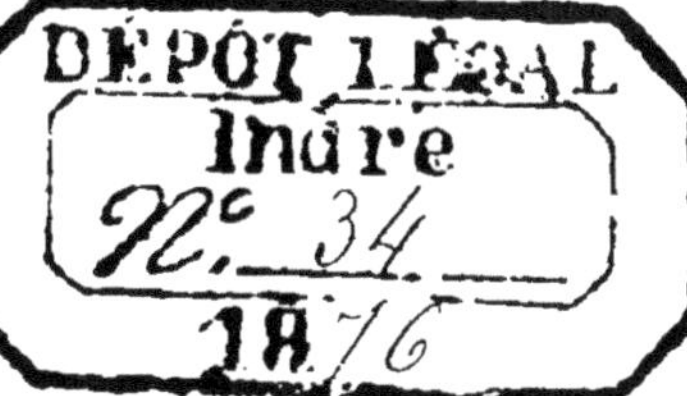

Dilectus Deo et homilibus, cujus
memoria in benedictione est.
(Eccl. ch. XLV, v. 1).

« Aimé de Dieu et des hommes, sa
mémoire est en bénédiction. »

———

PRIX : 50 Centimes

———

Au Pèlerinage de Notre-Dame du Sacré-Cœur,
à Issoudun (Indre)

Et chez les Sœurs de St-Joseph, à Nernier,
par Douvaine (Haute-Savoie).

NOTRE-DAME DU LAC

VOTRE SERVITEUR VOUS A GLORIFIÉE PAR LE

SANCTUAIRE QU'IL VOUS A CONSACRÉ ;

GLORIFIEZ VOTRE SERVITEUR

SUR LA TERRE ET

AU CIEL.

PRÉFACE

Pendant sa vie, M. l'abbé Favre a eu la réputation d'un saint. Cette réputation bénie s'est manifestée d'une manière toute particulière au moment de sa mort et le jour de sa sépulture, dans la chapelle de Notre-Dame du lac.

Une petite Notice sur cette vie si édifiante sera bien accueillie par les personnes qui ont connu ce prêtre selon le cœur de Dieu.

Il faudrait un gros livre pour faire connaître les vertus de M. Favre et le bien qu'il a fait. — En attendant que d'autres fassent mieux, et d'une manière plus complète, c'est une douce satisfaction pour notre cœur de donner cette Notice.

Nous disons ce que nous avons vu, ce que nous avons appris dans nos rapports les plus intimes avec M. l'abbé Favre ; et ces rapports, comme élève, comme ami, quelquefois comme coopérateur, quoique très-indigne, ces rapports datent de bientôt soixante ans.

Nous pouvons dire encore : rapports comme confesseur accidentel depuis vingt ans (en restant dans la limite des révélations permises après la mort).

Nous avons aussi consulté les personnes qui

ont eu le bonheur de le connaître particulièrement.

Nous avons suivi son existence sans nous arrêter à mille détails édifiants : l'étendue de cette Notice ne le permettait pas.

Nous recevrons sans doute des observations, peut-être de précieux renseignements. Nous pourrons les utiliser dans une deuxième édition.

Il y aura pour tous des bénédictions, par le mérite du saint prêtre ; et pour lui, nous le pensons, une joie de plus au Ciel, en voyant qu'il vit toujours dans le cœur de ceux qui ont eu le bonheur de le connaître et de l'aimer sur la terre.

Conformément à la décision du Pape Urbain VIII, nous déclarons que tout ce que nous disons dans cette Notice n'a qu'une autorité purement humaine. Le mot de *saint* que nous donnons à M. l'abbé Favre, exprime simplement que nous le regardons comme un vrai et grand serviteur de Dieu.

NOTICE

SUR LA

VIE DE M. L'ABBÉ FAVRE

Enfance — Jeunesse — Séminaire.

Monsieur Ferdinand-Joseph-François Favre est né à Nernier (Haute-Savoie), sur les bords du lac de Genève, le 2 février 1800, fête de la Purification de la très - sainte Vierge. Son père s'appelait Jean, et sa mère Jacqueline Quiblier. Son parrain fut M. le comte d'Antioche, et sa marraine Mademoiselle d'Antioche, devenue plus tard Madame de Marclay.

Le jeune Ferdinand a eu trois sœurs : Lorette, son aînée, encore vivante ; Louise, morte il y a quelques mois (1875), et Marguerite, sœur cadette, qui vit encore.

Ferdinand n'a pas connu sa mère ; il n'avait pas trois ans lorsqu'il la perdit. Souvent on lui a entendu dire qu'une des plus grandes privations pour son cœur, c'était de n'avoir pas reçu les caresses de sa mère. Il semblait se dédommàger de ce malheur, en portant toute son affection filiale sur la très-sainte Vierge.

Le père Jean Favre était un chrétien de la vieille trempe, homme de foi, mais d'un caractère un peu sévère. Dans ce temps-là, les parents ne ménageaient pas la verge aux enfants. Un jour, le petit Ferdinand cassa une vitre : il nous a raconté bien des fois que dans sa simplicité craintive, il sanglotait en regardant le carreau cassé, et il disait : « Ah ! si j'étais au moins vitrier ! »

Une vertueuse domestique qu'on appelait *la Dine*, faisait le ménage du père Jean Favre ; elle soignait les enfants et les faisait prier. Quand Ferdinand et Marguerite se contrariaient, la Dine ne badinait pas. A l'exemple du père, elle prenait facilement la verge. Monsieur l'abbé Favre a conservé toute sa vie une grande reconnaissance pour les services et pour les soins qu'il avait reçus. Pendant plus de quarante ans, il a honoré, visité, assisté et aimé la bonne vieille domestique.

Comme les autres petits garçons du village, Ferdinand, à l'âge de huit et dix ans, conduisait la vache aux champs. Il aimait de préférence la compagnie d'une femme pleine de foi et de piété, qui a été l'édification de Nernier pendant plus de cinquante ans : on l'appelait *la Michelle à Comtois* (Madame Duchesne). Un jour, elle dit à l'enfant : « Ferdinand, quel état veux-tu apprendre? » Ferdinand répondit : « Je veux être curé. » Cela voulait dire : je veux devenir prêtre. — « Eh bien, si tu veux être prêtre, dit *la Michelle*, il faut réciter tous les jours un Notre-Père. » Le petit berger n'a jamais oublié de dire cette prière. C'est lui qui demanda à son père la grâce d'étudier le latin auprès du bon curé de la paroisse, Monsieur Frezier. L'intelligence et la piété de l'écolier déterminèrent le père à envoyer son fils au collége de La Roche, à peu près à l'âge où saint François de Sales avait commencé ses études dans le même collége.

Ferdinand Favre n'avait pas un trousseau bien complet, quand il partit pour La Roche : il aimait plus tard à rappeler les deux seuls petits mouchoirs de poche qu'il avait emportés de la maison. C'est au collége qu'il fit sa première communion. Une grande épreuve et une grande grâce ne lui ont jamais permis d'oublier ce grand jour. Immédiatement après avoir communié, Ferdinand éprouva, pendant une dizaine de minutes, des peines de conscience inexprimables ; puis, à ce tourment de l'âme, succéda un sentiment de paix, une lumière, une joie qui étaient un avant-goût du paradis. Il nous a dit : « Mon bonheur était si grand que je me contenterais de n'en avoir pas d'autre au ciel. » Toute la vie de M. Favre s'est révélée dans ces deux états. Des peines extrêmes, des consolations extrêmes se partageront successivement et quelquefois simultanément tous les jours de sa longue vie.

Aux yeux de ses maîtres, et en particulier de M. Delétraz, et aux yeux de ses condisciples, dont quelques-uns vivent encore (M. le curé-archiprêtre de Massongy, — M. l'abbé Chevrot, etc.), le jeune Favre était à La Roche un ange de piété, de simplicité et d'amabilité. Il était fort dans ses classes : en philosophie, il remporta le premier prix ; on lui donna les œuvres de l'abbé Nonotte.

Une inquiétude accompagna tout le cours des études de Ferdinand. Il était très-petit de taille ; sur les bancs de classe, il fallait qu'il se tînt debout pour faire apercevoir sa tête. Pendant les vacances, il se mesurait souvent en allongeant les pieds pour arriver plus haut. C'est qu'il craignait de n'atteindre jamais le degré voulu pour être admis dans les ordres.

Le jeune Favre aimait, pendant ses deux mois de vacances, à rassembler les enfants de Nernier : il présidait à leurs jeux sur la place, au bord du lac. Nos souvenirs d'enfance nous le font voir commandant l'exercice à ces petits soldats de dix ans, armés de bâtons pour fusils. Dans ce temps-là, l'esprit public était encore tout occupé des grandes guerres de l'Empire. Après la récréation, il faisait la classe à ces mêmes enfants. Il donnait des leçons de plain-chant aux plus âgés, en formant de grandes notes sur une planche. Ces leçons de plain-chant, données pendant de longues années, ont formé le chœur de bons chantres qui depuis cinquante ans sert et édifie la paroisse.

Après son cours de philosophie, M. l'abbé Favre alla au grand séminaire de Chambéry. Comme il n'avait guère que dix-huit ans environ, il fut question de l'envoyer suivre les cours à l'université de Turin ; c'était la faveur accordée aux meilleurs sujets qui recevaient là le grade de docteur.

Mais un des vicaires généraux, monsieur Billiet (devenu plus tard archevêque et cardinal), fit l'observation que le petit et timide abbé Favre ne serait pas à sa place avec les élèves de l'Université ; on le trouva trop candide et trop simple. On envoya donc le jeune séminariste en Tarentaise, dans la grande paroisse des Chapelles, qui était le lieu natal du grand vicaire. Monsieur Favre y passa près d'une année, faisant la classe à des enfants de toute portée, depuis l'a, b, c, jusqu'aux étudiants les plus avancés dans le latin.

Notre abbé rentra ensuite au grand séminaire, mais pour peu de temps seulement : une grave épidémie connue sous le nom de *pétékia*, fit renvoyer tous les élèves dans leurs familles.

Dans cet intervalle qui retardait son ordination, M. Favre passa une année chez M. le comte d'Antioche, comme précepteur de son fils, M. Alphonse. Madame la comtesse était frappée de la vertu du précepteur ; par un sentiment d'admiration, elle chercha longtemps à trouver une tache, un manquement, dans cette conduite aussi parfaite. Elle avouait plus tard qu'elle n'avait jamais réussi à découvrir ce qu'on pourrait appeler une faute vénielle caractérisée.

En attendant son retour au séminaire,

l'abbé Ferdinand fut proposé pour professeur au collége de Thonon. En même temps qu'il était chargé des classes de huitième et septième, on le fit répétiteur des élèves de philosophie. Cette année fut pénible : il fallait de la fermeté avec de grands jeunes gens peu disciplinés. Monsieur Favre se sacrifia ; il souffrit beaucoup et il laissa un souvenir de rare édification.

MONSIEUR FAVRE PRÊTRE

Grande épreuve. — L'Académie. — Monsieur le Marquis de Costaz.

Enfin, M. l'abbé Favre rentre au grand séminaire, non plus à Chambéry, mais à Annecy, où Monseigneur de Thiollaz avait été placé sur le siége de Saint-François de Sales. C'est là que monsieur Favre fut ordonné prêtre. Ce devait être en 1823. Dieu seul connaît la profonde impression que fit sur cette âme innocente la plénitude des grâces du sacerdoce.

Après son ordination, il fut envoyé au collége de Mélan, dirigé par le vénérable M. Ducret. La plus grande, la plus crucifiante épreuve attendait là le jeune prêtre. On connaît la terrible tentation à laquelle fût soumis St-François de Sales, lorsqu'il faisait ses études à Paris : c'était la conviction qu'il était réprouvé et qu'il ne verrait jamais Dieu. M. l'abbé Favre éprouva la même tentation, mais elle fut plus violente et plus longue ; elle dura plusieurs mois. Tout travail lui devint impossible ; il fallut laisser la classe et quitter Mélan pour venir s'enfermer dans l'hôpital de Thonon. Il faut l'avoir vu dans les étreintes de cette épouvantable tentation pour se faire une idée des souffrances de cette âme si aimante et si pieuse. « Mon enfant, nous a-t-il dit une fois; je ne comprends pas comment une minute de cet état ne me donnait pas la mort. »

Monsieur Neyre, curé de Thonon, — monsieur l'abbé Chevrot, son ami et condisciple à la Roche, devenu alors curé d'Hermance, dans le canton de Genève, — enfin, Monseigneur Tobie Yenni, évêque de Lausanne furent les anges consolateurs envoyés par la bonté de Dieu.

Monsieur Favre quitta donc l'hôpital de Thonon, où il venait de passer quelques mois dans une solitude douloureuse, parce que toute occupation lui était devenue impossible. Les ténèbres intérieures et la désolation allaient au point qu'il se croyait obligé de renoncer à l'exercice de la prière, dans la crainte d'offenser Dieu en osant s'adresser à Lui.

Il vint chez son ami, M. le curé d'Hermance. C'est là qu'il eut le bonheur de voir le saint évêque de Lausanne et Fribourg, venu pour donner le Sacrement de Confirmation. Le très-charitable évêque fit comprendre au pauvre prêtre éprouvé les vrais principes de la doctrine catholique, tels que lui-même les avait appris en étudiant au collége Germanique, à Rome. Il lui démontra combien étaient fausses et désolantes les erreurs jansénistes qui l'avaient conduit à cet abîme de désespoir. La lumière se fit, la confiance revint et l'épreuve cessa. Elle fit place à la paix, à la joie, à un redoublement de ferveur dans l'amour et dans le service de Dieu.

Mais l'ébranlement avait été profond : on crut qu'il était utile de ne pas placer cette conscience timorée dans les inquiétudes et la responsabilité du ministère. La Providence voulait lui faire *une vocation à lui*, pour le bien de beaucoup d'âmes et pour le succès de beaucoup de bonnes œuvres.

Le cher abbé Favre rentra dans la maison paternelle. A cette époque, il n'y avait à Nernier ni école de garçons ni école de filles. Plus que personne, le bon abbé en était peiné. « La religion de nos enfants catholiques est bien exposée, disait-il, par le voisinage du canton de Vaud ; il nous faudrait deux bonnes écoles. » Et il n'y en avait pas une ; et la paroisse était trop pauvre pour s'imposer cette double dépense. Monsieur Favre voulut essayer d'y pourvoir. Il le fit à sa manière, c'est-à-dire par le sacrifice le plus humble, le plus pénible, le plus constant de sa personne, de son temps, de toutes ses petites ressources (c'était en 1829).

Il commença d'abord par l'école des garçons ; c'était plus urgent. Il entreprit donc de construire une maison. M. Favre disait plus tard : « J'avais 5 batz (monnaie suisse qui valait 12 sous) lorsque j'ai commencé l'*Académie* (1). » Pour bâtir une maison, il faut un emplacement ; il faut du sable et des pierres ; il faut du bois ; il faut des ouvriers :

(1) Ce nom fut donné par le Père Jean Favre à la maison d'école. Le nom est resté ; cette maison n'est connue que sous le nom de l'*Académie*.

et pour avoir tout cela, il faut de l'argent.
M. Favre trouva tout, parce qu'il avait beaucoup d'amour de Dieu, beaucoup de confiance dans la prière, un grand zèle pour l'éducation chrétienne des enfants.

Mais en attendant qu'il eût une maison, M. Favre se fit maître d'école. Un fragment d'une lettre écrite dans ce temps-là à un de ses amis, donnera une idée de ce ministère : « J'ai, mon cher ami, quarante petits garçons dans mon école. Heureusement, il en manque à chaque classe cinq ou six. J'aurais besoin de bien entendre le système napoléonien, qui consistait à faire manœuvrer le plus grand nombre d'hommes possible sur une étendue donnée. Mes enfants sont les uns sur les autres. Une chambre passablement obscure, des volets qu'on ne peut fixer, des carreaux cassés, des enfants d'une dissipation, je dirais inouïe..., l'abbé qui n'y voit presque rien sans ses lunettes, l'habitude des petits de vouloir sortir tous à la fois, de vouloir qu'on s'occupe de chacun d'eux en particulier... et avec cela un canif qui ne coupe pas...., tu auras alors une idée de la ruche où Dieu m'a établi pour cet hiver.

» Voilà une de mes croix. Elle durera

autant que les roses que je cueille parmi tant d'épines. En effet, ces enfants m'aiment beaucoup, et il serait bien aisé de leur inspirer de la dévotion envers la sainte Vierge. La méthode des petites victoires qu'ils ont remportées et dont on leur demande compte, a repris toute sa force. On découvre parfois ce que la grâce peut faire de bonne heure dans les âmes qui veulent se donner à Dieu. Les progrès pour la lecture sont déjà sensibles ; et ce serait un charme pour moi de gouverner cette jeunesse dans un local où l'on pourrait se retourner. »

Voici quel était l'ordre de sa journée pendant cette année de travaux préparatoires. Il se levait à 4 heures du matin. Après ses prières faites, on le voyait traverser le village, portant sur son épaule une pelle, et ayant devant lui, suspendu à son cou, le grand tablier de cuir de son père, qui était tonnelier. Jusqu'après 8 heures, il ramassait avec sa pelle le sable amené par les vagues sur le bord du lac ; il en faisait de petits tas de distance en distance. Le *Maître d'école* revenait au village et sonnait la classe, qui durait 2 heures 1/2 environ. A 11 heures, il allait dire sa messe. A 1 heure, la classe recommençait. Vers les 3 heures, M. Favre

prenait les enfants, les plus forts et les plus
âgés ; ramant avec eux sur un bateau , il
allait prendre les monceaux de sable espacés
sur les bords du lac ; puis, avec des brouet-
tes, on déchargeait cette provision qui gros-
sissait tous les jours en s'ajoutant au grand
tas. Lorsque la quantité de sable parut suffisante , il fallut penser aux pierres.

M. Favre, armé d'un gros levier en fer et
revêtu du tablier de cuir, parcourait tous les
chemins et déterrait les grosses pierres.
Puis, avec son petit monde d'écoliers, atte-
lés au nombre de dix à quinze, avec des
cordes, à un gros chariot, ils allaient chercher les pierres. M. Favre se tenait derrière
l'équipage, veillant, avertissant, modérant
l'élan des plus hardis, faisant des signes de
croix et récitant des *Pater* et des *Ave* pour
éloigner tout accident. Aussi, pendant près
d'une année de cet étrange manége, jamais
il n'y eut le plus petit malheur, ni sur le
lac ni en conduisant les pierres.

La provision était faite ; elle avait coûté
beaucoup de sueurs, beaucoup de prières.
Maintenant, il faut bâtir.

Tout le monde admirait le dévouement du
bon abbé. Le conseil municipal, animé du
meilleur esprit, donna, sur un fonds com-

munal, un emplacement bien situé. M. Favre traça avec un cordon de jardinier les dimensions de la nouvelle construction. Il invitait les ouvriers qui allaient travailler aux champs, à s'arrêter un moment pour creuser les fondations ; et lui, tenant une cruche à la main, allait de maison en maison demander du vin pour faire boire les ouvriers.

La Providence a toujours été au service du bon abbé Favre. Il y avait à Nernier deux excellents ouvriers : l'un charpentier, l'autre maçon. Ces deux pères de famille avaient de nombreux enfants ou petits-enfants ; le désir d'avoir le moyen de les instruire leur fit accepter de bon cœur, au maçon, de faire les murs, au charpentier, de préparer les bois pour la maison d'école. L'ouvrage marcha rapidement. On voyait assez fréquemment M. Favre aller à Thonon, aller à Rolle (Suisse), pour acheter les poutres et les planches. Au lieu d'un simple rez-de-chaussée, formant une grande salle, les projets grandirent à mesure que les murs s'élevaient. L'édifice arriva jusqu'à un 1er, puis à un 2e étage. C'était une maison complète, avec un jardin au midi. Mais les rétributions de messes, entièrement appliquées à ces constructions, étaient loin de suffire, et M. Favre n'était pas sans inquiétude. Les dettes commençaient à s'accumuler ; mais la Providence y pensait.

On annonça l'arrivée de M. le marquis de Costaz (Victor) dans son château de Beauregard. Il y avait dans ce château une chapelle, et M. le marquis désirait que la messe y fût dite tous les jours. L'homme d'affaires, l'excellent M. Comte (Jean-Pierre), était un ami de M. Favre. Il proposa à M. le marquis de le faire venir tous les jours au château. M. Favre accepta. C'étaient deux grandes âmes en face l'une de l'autre, ayant les mêmes vues chrétiennes, grandes, généreuses. M. de Costaz voulut voir la maison d'école. Un jour, on annonça l'arrivée, devant l'*Académie*, d'une belle calèche attelée de deux beaux chevaux. M. le marquis inspecta tout, puis il pria M. Favre de faire venir à l'instant les chefs-ouvriers, maçon, — charpentier, — plâtrier. Il demanda à chacun ce qui lui était dû, et il laissa un sac de 3,000 francs pour les satisfaire. Cette visite était comme un rêve de bonheur pour le cher abbé.

La maison était bâtie : M. Favre voulut tout de suite l'utiliser. Un de ses amis, en-

fant de Nernier, venait de terminer ses études ; il était un peu souffrant. Cet ami,
élevé, protégé depuis son enfance par M. Favre, s'offre à partager la peine. A eux deux
ils entreprennent de faire en même temps la
classe (gratuite, bien entendu) à tous les
garçons de Nernier, et de donner des leçons
de latin à des enfants pensionnaires, du bas
Chablais. Bientôt le nombre de ces derniers
arriva jusqu'à trente.

S'il y avait des peines, il y avait aussi des
consolations, dans ce modeste institut. M. le
marquis donna dix-huit lits ou *pliants* avec
sangles, pour le dortoir. Le matin, c'était
chose curieuse et en même temps édifiante,
de voir tout ce petit monde, un essuie-main
sur le bras, descendre auprès du lac, à 5 h.
du matin, pour se laver. On peut dire que la
cuvette à eau était belle : c'était tout le lac
de Genève.

Mais la tâche était rude ; il n'y avait pas
une minute de repos. Outre les quatre heures de classe aux enfants de la commune, il
fallait donner tous les cours d'instruction
primaire aux pensionnaires. L'ami et le
coopérateur de M. Favre tomba gravement
malade pendant près de deux mois. La con-
tinuation des classes devint impossible ; il

fallut tout suspendre et renvoyer les enfants.

M. le marquis de Costaz avait aussi quitté Beauregard. Les services qu'il venait de rendre à M. Favre étaient comme le couronnement d'une vie pleine de grandes œuvres. Peu après son retour à La Motte, il fut atteint d'une grave maladie. Il désira que M. Favre vînt s'installer auprès de son lit, pour lui faire des lectures, réciter ensemble le chapelet, parler de Dieu et des bonnes-œuvres. C'est ainsi que ce grand chrétien se prépara à la mort, assisté, consolé, édifié par la présence de M. l'abbé Favre (juin 1836).

DIFFÉRENTES STATIONS

Rome. — Avignon. — Nernier (prêtre auxiliaire. — Précepteur). — Nyon. — Ecole de St-François-de-Sales.

M. le marquis de Costaz avait témoigné sa reconnaissance à son charitable *aumônier spirituel* par le don de plusieurs centaines de francs. M. Favre vit en cela un moyen d'exécuter un projet qui lui tenait au cœur. Cet homme de Dieu avait, comme une pensée

fixc, le désir du retour du canton de Vaud à
l'Eglise catholique. Il croyait entrevoir que
plus tard il pourrait avoir des luttes religieuses à soutenir avec des ministres protestants. Il voulait s'y préparer en *se ferrant*
sur la doctrine catholique, et pour cela, il
voulait suivre les cours des hautes études
théologiques au Collége Romain, Un voyage
à Rome fut donc résolu. M. Favre voulut
faire le voyage comme les saints : c'est-à-
dire à pied, visitant les lieux consacrés par
des souvenirs religieux, demandant l'hospi-
talité et mendiant quelquefois le pain et le
gîte. Il se mit en marche le bâton à la main
et le sac sur le dos. Nous avons eu la consolation de lui faire la conduite, depuis Chambéry où nous étions alors, jusque près de
Notre-Dame de Myans, pendant environ
deux heures, sur la route de Turin.

Dieu seul et ses anges ont été témoins des
incidents variés, des fatigues, des privations
de tout genre, des humiliations et rebuts,
des vols sur son petit bagage... pendant cette
longue pérégrination à travers les villages,
les villes, les montagnes des Apennins. Nous
avons encore un certain nombre de lettres
datées de quelques-unes de ses stations.
L'itinéraire était : par Turin, Parme et autres

villes jusqu'à Lorette ; puis par les Romagnes en se dirigeant sur Naples jusqu'à Mugnano, pèlerinage de Ste-Philomène.

Enfin, le pèlerin se fixa à Rome. Immédiatement il se fit inscrire comme auditeur et élève au Collége Romain. Il en suivit les cours avec une rare assiduité : connaissant la langue italienne, il ne fut pas arrêté par la prononciation des professeurs. Il était connu sous la désignation du *petit prêtre qui court dans les grands escaliers*, tant il était diligent et exact aux heures des leçons. Au moment des grands examens, les compositions de M. l'abbé Favre furent jugées tellement supérieures, qu'une grande médaille en vermeil, portant d'un côté l'effigie de Grégoire XVI et de l'autre côté le collége Romain, lui fut décernée par le Conseil des examinateurs. Nous avons vu cette médaille. Non-seulement l'humble prêtre n'en parlait jamais, mais afin d'éloigner l'occasion d'un éloge, il la donna comme souvenir d'amitié à M. H., fils de M. le comte de M.

Les études avaient été couronnées de succès, mais l'élève du Collége Romain avait fait maigre chère ; selon son expression, il avait mangé de la *vache enragée*. Logé dans un petit réduit, il vivait très-pauvrement :

lui-même allait tous les jours au marché ; il achetait quelques marrons, quelques fruits. La dépense était de 6 sous par jour. Ce régime le réduisit à l'extrémité et il tomba dangereusement malade. Un médecin français, homme distingué, qui avait quitté Paris en 1830, M. Berrard, lui donna gratuitement ses soins.

Et cependant, nous l'avons dit, M. Favre avait reçu une gratification considérable. Qu'était devenu cet argent? Une partie avait été dépensée le long du voyage à pied, de Chambéry à Naples et de Naples à Rome. Mais voici deux ou trois secrets de la prompte diminution de la somme. En quittant son école de garçons, à *l'Académie*, M. Favre installa une école de filles, tenue par une très-digne personne. Le traitement de l'institutrice avait été fixé à 200 francs. M. Favre, même dans le temps de ses privations, n'oubliait pas cette dette. — A Rome, il apprit que deux sœurs, protestantes anglaises, avaient dû quitter leur famille pour embrasser la religion catholique. Le compatissant abbé Favre savait qu'elles étaient dans la détresse. Autant qu'il lui fut possible, il se fit leur pourvoyeur, en sollicitant la charité des bonnes âmes. — Il sut que M. le baron de

Bok, qui avait été ambassadeur du Hanovre à Constantinople, venait d'abjurer le protestantisme pour devenir catholique ; comme mesdemoiselles Méligen, les Anglaises converties, M. le baron était sans ressources, parce que les revenus de ses biens lui étaient retirés. M. Favre s'attacha encore à cette infortune ; entre autres services, il donna à ce seigneur allemand des leçons de langue française.

M. Favre ne voulait pas quitter Rome sans avoir reçu la bénédiction du Souverain-Pontife. Dans la simplicité et la ferveur de sa piété filiale, le bon abbé, au moment de l'audience qui lui fut accordée, baisa le pied du Pape avec une obstination qui amusa un instant Grégoire XVI : le cher abbé n'en finissait pas et le Pape bénissait toujours.

Enfin, l'étudiant du Collége Romain, âgé de 39 ans, quitta Rome, emportant les bénédictions du Souverain-Pontife et des trésors de grâces, et le souvenir reconnaissant de beaucoup de personnes. Une somme lui avait été envoyée pour son voyage par monsieur B., notaire à Avignon. Informé du mérite et de la misère du digne prêtre, le bon notaire lui avait envoyé 300 francs ; il voulait avoir M. Favre pour précepteur de ses deux fils.

A Avignon comme à Rome, M. Favre fut l'objet de l'estime, de la vénération et de l'affection des. personnes qui le connurent. Nous avons peu de faits saillants sur les quinze mois environ qu'il passa dans cette bonne famille. Toute sa sollicitude se portait sur ses deux élèves, Charles et Martial. Quelques années plus tard, lorsque l'école des filles, à Nernier, était en construction, une somme de 100 francs, envoyée par un de ses élèves au moment de son mariage, prouva à M. Favre que son souvenir était toujours vivant dans le cœur de ces deux frères.

Les haltes prolongées, à Rome, à Avignon, ne faisaient pas oublier à M. Favre sa grande et privilégiée préoccupation : le canton de Vaud. Il aurait voulu ramener tout ce beau pays, autrefois catholique, dans le sein de l'Eglise. Dans son long voyage de Chambéry à Naples, le sac sur le dos, il avait eu un jour, ou plutôt une nuit, un bonheur inexprimable, « parce que, disait-il, j'avais partagé ma chambre à coucher et mon lit avec un homme protestant du canton de Vaud. » Il y a, dans la vie des saints, des secrets et des joies dont Dieu seul connaît la nature et la cause. Nous avons sous les yeux une feuille écrite par M. Favre et signée de son sang, dans laquelle *il se consacre à Notre-Dame de Lorette avec toutes ses souffrances, toutes ses affections et tous ses désirs, pour servir, si Dieu l'agrée, la cause du catholicisme dans le canton de Vaud.*

Cet attrait mystérieux, apostolique, qui datait de son enfance, ramena l'abbé Favre sur les bords du lac de Genève, à Nernier d'abord. Il était heureux de revoir son *Académie*, qui servait en ce moment pour l'école des filles. Faire du bien à Nernier, rendre des services aux curés des paroisses situées sur les bords du lac : à Excenevex, à Yvoire, à Messery, à Chens, à Hermance, à Collonges, à Versoix... a été pour lui, pendant quelques années, un ministère presque régulier. Rien de plus ordinaire que de rencontrer M. l'abbé Favre sur les chemins, toujours à pied, récitant son chapelet ou son bréviaire, lisant un livre, s'arrêtant avec les enfants, avec les pauvres pour faire un peu de catéchisme, pour dire un mot du bon Dieu, pour donner aux passants, aux ouvriers dans les champs, une parole plaisante, aimable et toujours édifiante. M. Favre donnait de la joie à tout le monde.

Parfois, il faisait une excursion dans la

montagne, mais toujours dans un but utile et religieux. Pendant une de ses courses, il écrivit à son père. Nous avons le bonheur de posséder cette lettre. Nous en donnons ici une partie. Le cœur et le caractère du bon abbé Favre se révèlent tout entiers dans cette aimable lettre :

« Mon cher père, vous saurez que votre fils n'a pas encore fait beaucoup de chemin ; il ne peut pas aller aussi vite qu'il le désirerait, ni faire ce qu'il veut. Je vous dirai même que je ne fais à peu près jamais ce que je veux. La raison en est que j'arrive, ou plutôt que je tombe chez des amis qui me gardent malgré moi. On me fait prêcher ; et comme je vais mendiant des antiquités, comme vieilles paperasses, vieilles médailles, vieux coffres (1), etc., je trouve un curé qui me dit qu'il ne me fera rien voir chez lui, des choses qui me feraient bien plaisir, si je ne lui promets pas un sermon. C'est ainsi que j'ai passé dans la vallée de Mégevette et d'Onnion quatre jours au lieu d'un.

____

(1) C'était à la prière et au nom de M. le marquis de Costaz (Léon), qui avait des goûts artistiques et distingués ; il recherchait et conservait tout ce qu'il trouvait d'objets anciens et remarquables. C'était souvent un beau bénéfice pour les pauvres.

» Il faut maintenant, mon cher père, que je vous cite quelque chose de ce que j'ai vu et appris d'agréable et d'édifiant. J'ai eu le bonheur de faire la connaissance d'une vieille femme de quatre-vingts ans (moins un). Elle est veuve et n'a jamais eu qu'un enfant, lequel est à présent missionnaire, s'il n'est pas déjà mort par suite du jugement des tribunaux de la Chine (le V. M. Jaccart). J'aurais bien encore d'autres choses à raconter de cette brave femme, que je regarde comme une sainte. Je lui ai demandé quelque chose qui eût appartenu à son fils, et elle m'a donné une paire de gants, que je conserverai très-précieusement, et dont je me servirai auprès de mes enfants de Nernier qui auront quelque disposition, afin de les encourager à marcher sur les traces d'un compatriote qui a eu le bonheur de confesser la foi devant les tribunaux païens.

« Voici un autre fait aussi curieux qu'il est édifiant. Nous avons dans ce pays un homme qui a porté son père sur ses épaules, chaque fois que ce brave père voulait aller à la messe. Il faut noter que le vieillard ne pouvait faire usage de ses jambes, et comme le fils était sourd, il fallait que le père lui donnât un petit soufflet sur la joue droite quand

il fallait aller à gauche et réciproquement
un petit soufflet sur la joue gauche, quand
il fallait aller à droite, Cela est-il beau ! cela
est-il édifiant ! Vous ne devineriez pas l'usage
que je veux faire de cette histoire. Comme
la Providence, dans sa bonté, vous a laissé
des jambes qui valent mieux que ne vau-
dront peut-être les miennes quand je serai à
votre âge, si jamais Dieu m'y conduit, je
n'aurai pas l'avantage de vous porter sur
mes épaules, comme vous m'avez porté
entre vos bras, et en particulier dans une
hotte, lorsque j'étais allé au Cré. Mais je
veux faire ici une réflexion qui vaudra
mieux pour vous que si vous étiez porté sur
les épaules de votre fils. Je veux répéter ici
un mot que j'ai entendu de la bouche de
l'Evêque : c'est que dans la vieillesse, lorsque
la nature s'épuise et n'a plus de force, on
doit alors y suppléer par le pain des forts
qu'on reçoit avec préparation. Je demanderai, et je l'ai fait déjà bien des fois, et je
le ferai tant qu'il me restera un souffle de
vie, je demanderai à Dieu la grâce qu'il vous
fasse comprendre la portée de mes paroles,
qui sont les paroles de l'Evêque, et qui sont
devenues les miennes par le grand désir de
votre bien solide, qui est celui d'aimer Dieu

et de le prouver par la réception de la sainte Eucharistie (1).

« On me fait des caresses plus que vous ne pouvez vous l'imaginer ; j'aurais bien de la peine à vous donner l'idée juste de ce qu'on m'aime, de ce qu'on fait pour me garder. Vous voyez que Dieu m'aime bien et qu'il ne m'épargne pas les pères nourriciers. Avec tout cela, je préfère Nernier. Je l'ai préféré pendant bien des années, et il paraît que Nernier sera mon lieu de délices. Quelques personnes ne connaissent pas combien j'aime Nernier, et par conséquent leurs enfants ; mais Dieu me console de la peine bien naturelle que je suis porté à éprouver en pensant qu'on ne me rend pas justice, par l'espoir qu'un jour Dieu me payera au centuple ce que j'aurai eu la grâce de faire à nos enfants de Nernier.

« Je vais encore à Morzine, et à en juger par les chaînes que les amis me mettent aux pieds, je vois que je ne passerai pas la Saint-Martin à Nernier. Ce n'est guère que huit jours après que j'arriverai là-bas pour ouvrir l'école. »

(1) Le père Jean Favre était un bon chrétien ; mais dans ce temps-là, par suite d'un reste de rigorisme, la communion fréquente était presque inconnue. Le bon et pieux fils aurait voulu davantage.

Cher abbé, vous avez été prophète. Aujourd'hui, après soixante ans de services rendus et de bons exemples donnés, les habitants de Nernier vous aiment toujours plus et vous vénèrent. Ils sont tous heureux et fiers de vous posséder dans votre chapelle. Ils ont la confiance que vous priez pour eux et que toujours vous serez pour Nernier et pour le pays un honneur et une bénédiction.

Pendant le séjour assez long de M. Favre à Nernier à cette époque, quand il n'était pas en course, il s'occupait de son *Académie.* Il y avait bien des choses à faire, à refaire, à améliorer. Il s'occupait aussi de l'école des filles. Il donnait des avis, racontait des histoires, faisait *remporter des victoires* aux petits enfants de Nernier (c'est-à-dire qu'il leur apprenait à pratiquer des actes de vertu proportionnés à leur âge). Il n'oubliait pas non plus la visite des pauvres, des malades, des infirmes, des vieillards, des personnes affligées. Comme il n'avait plus pour le moment du sable à recueillir sur le bord du lac, des pierres à prendre sur les chemins, il ne renvoyait pas sa messe à onze heures; mais il la disait de très-grand matin, une heure avant le jour, afin que les ouvriers, les ouvrières, eussent le temps de l'entendre avant d'aller au travail ; — aussi cette messe matinale était-elle très fréquentée. Tous les jours, vers les cinq heures en hiver, on voyait et on entendait (parce qu'il priait toujours), le zélé prêtre traverser tout le village, une lanterne à la main ; où allait-il ? Il se rendait sous les fenêtres du château de M. d'Antioche, pour appeler à mi-voix un bon jeune homme qui voulait bien venir servir la messe. De là notre abbé se rendait à l'église, dont il avait la clé ; il sonnait d'abord l'Angelus, puis immédiatement après il sonnait sa messe.

Un jour, il avait fait entrer, selon sa coutume, un mendiant dans la cuisine de l'*Académie*, pour le faire chauffer, lui donner à manger et lui faire une petite exhortation. Le pauvre semblait écouter avec une oreille attentive ; mais tout en prêtant l'oreille, sa main gauche était attentive à prendre les souliers qui séchaient auprès du feu. M. Favre n'avait que cette paire ; pendant la journee, il portait de gros sabots. Le lendemain, les souliers n'étaient pas là, au moment d'aller dire la messe. M. Favre, fort embarrassé en se rendant à l'église, rencontre le pauvre. Soupçonnant un peu le coupable, il lui dit : « Mon ami, vous m'avez pris mes souliers. » — « M. l'abbé, je vous demande bien pardon, mais je venais vous les rendre.» Et il les rendit. Le pardon était accordé avec recommandation de ne plus prendre les souliers.

De temps en temps, M. Favre traversait le lac sur les petits bateaux de Nernier ; à cette époque, les bateaux à vapeur n'existaient pas. C'était une joie pour les bateliers et les passagers quand M. Favre était avec eux, surtout si le lac était mauvais, c'est-à-dire agité par un grand vent, ce qui est assez fréquent. Ses paroles plaisantes et pieuses entretenaient la gaieté et l'édification. A un moment donné, il tirait son chapelet, et tout le petit équipage lui répondait.

Mais cette course de quelques heures sur la rive vaudoise ne faisait que mettre l'eau à la bouche, au cœur du missionnaire catholique.

M. Favre avait fait la connaissance de la famille de Costaz, pendant son séjour à La Motte, édifiant, consolant son bienfaiteur, M. le marquis Victor. Son fils, M. le marquis Léon, et Mme la marquise, appréciaient l'avantage de confier leurs jeunes enfants au prêtre dont ils avaient pu connaître le savoir et la vertu. M. Favre fut donc nommé précepteur des trois frères, messieurs A., P. et J. Il ne nous appartient pas de dire le bien que sa présence et ses leçons ont fait à ses élèves ; c'est le secret des parents et des enfants. Nous nous contenterons de faire connaître le jugement bien compétent porté aujourd'hui par madame la Marquise : « Je regarde l'abbé Favre comme un véritable saint, et je me réjouis de la bonne pensée que vous avez de publier une notice sur cette vie si humble, si originale, si édifiante... Il a fait à mes enfants, pendant plusieurs années, un bien qui ne s'effacera jamais.

« Que vous dire de particulier? En lui tout était vertu, abnégation. Il savait si bien dissimuler les choses qui, naturellement, lui déplaisaient, et acquiescer de si bonne grâce aux volontés des autres, que Dieu seul pouvait connaître ses victoires.

« Les enfants, toujours habiles à découvrir les défauts de leurs supérieurs, n'ont jamais pu remarquer en lui la plus légère imperfection ; sa seule vue était une prédication pour eux. Ils étaient toujours frappés de la continuité et de la ferveur de ses prières, des sourires qu'il adressait à l'image de la sainte Vierge lorsqu'il l'invoquait, et des larmes qui étouffaient souvent sa voix pendant le saint sacrifice de la messe.

« Je crois que peu de saints ont porté plus loin l'humilité. Rien ne lui plaisait davantage que d'être mal jugé, pourvu que ce fût *lui* et non le *prêtre*. Sa soumission à la volonté de Dieu était non moins admirable, et la sérénité ne le quittait jamais, que les choses tournassent pour ou contre ses désirs ; dans toutes les circonstances, la parole : *Dieu soit loué*, répandait dans son âme des trésors de paix. Tout en lui était parfait, tout en même temps était original. Il faudrait raconter sa vie d'un bout à l'autre pour le faire connaître. »

Citons cependant une particularité sur le mode d'éducation *à la manière de l'abbé Favre*. Les enfants ont tous des défauts ; ils commettent des fautes par lesquelles se révèlent leur caractère et même quelquefois leurs bonnes qualités. Donc, il faut avertir, même gronder et même punir. *Le tour de force* de l'abbé Favre, s'il est permis de s'exprimer ainsi, était de donner des avis, des corrections, même des punitions, sans ombre d'emportement ni d'humeur, et, ce qui est plus fort, de les faire accepter par l'enfant, comme une chose agréable à Dieu. Pour cela, le maître et l'élève faisaient ensemble une prière, comme fait quelquefois une mère qui veut donner à son enfant le courage et la force de prendre une pilule amère. Il n'est pas douteux qu'il n'y eût une bénédiction sur tous les actes de cette étrange et sainte méthode. M. Favre apprenait aux enfants la sainteté.

Enfin, il fut permis à *l'ami du canton de Vaud* de réaliser un grand désir. Les élèves avaient grandi ; l'éducation publique a des avantages que ne comporte pas l'éducation privée. Le maître reprenait ainsi sa liberté.

M. Favre se rend à Nyon, petite ville du canton de Vaud, en face de Nernier. Le digne curé, M. l'abbé Rossiaud, venait de construire une belle église. L'abbé Favre lui demanda, comme un grâce, de venir habiter son presbytère, en payant sa pension. Il s'offre à rendre tous les services du ministère : prêcher, confesser, faire le catéchisme, etc... Une proposition si généreuse, si désintéressée fut acceptée avec reconnaissance. M. Favre s'installa au presbytère ; il fit tout ce qu'il avait promis, et cela avec une abnégation et une joie qui édifiaient la population catholique. Les petits enfants étaient tout joyeux de rencontrer l'abbé Favre. Le bon abbé ne distinguait pas entre enfants catholiques et enfants protestants dans les démonstrations de son bon cœur : il les aimait tous et tous l'aimaient. C'était chez lui une vieille habitude d'avoir toujours quelque chose à donner aux enfants : des noisettes, une pomme, etc... Il profitait de son ascendant sur ce petit monde pour faire passer une bonne parole selon le bon Dieu.

Ce n'étaient pas seulement les enfants qui avaient de l'attrait pour ce bon abbé : toutes les personnes qui étaient en rapport avec lui se laissaient prendre aux charmes de son innocente et aimable simplicité. On peut dire qu'il avait autant d'amis que de connaissances.

Le désir ardent du prêtre était de faire du bien aux âmes et de les rapprocher de la vérité catholique. Mais dans la pratique, avec les protestants, M. Favre, par ses paroles, par ses relations, par ses lettres, n'agissait que sous l'impression de l'esprit de Dieu. Voici quelle était sa méthode : faire aimer la religion catholique par notre propre fidélité à en remplir tous les devoirs ; — témoigner à tous estime, respect, confiance, en partant de cette conviction qu'il y a beaucoup de bonne foi chez les personnes qui depuis leur enfance, dans tout leur entourage du pays et de la famille, ont été élevées selon des idées différentes ; — ne jamais provoquer de controverse, mais se contenter d'édifier et de faire du bien en s'appuyant sur les points qui sont communs : Dieu, sa présence, son amour et sa miséricorde ; — Jésus-Christ fait homme et mort pour nous ; — la patience dans les souffrances, toujours et pour tout la prière ; les œuvres de charité, etc. Aux âmes inquiètes qui cherchent la lumière, ne la proposer qu'avec ménagement, selon la mesure de leurs dispositions ; pardessus tout, compter sur la grâce, et pour tout cela, toujours en revenir à la prière, parce que selon lui, la conversion est un miracle de la miséricorde de Dieu.

M. Favre n'avait pas mission pour un apostolat public ; d'ailleurs, les circonstances du moment ne s'y prêtaient pas. Mais il a fait un grand bien à beaucoup d'âmes par le parfum de ses vertus. Quelques personnes fort distinguées avaient un culte de vénération pour ce prêtre. Lui, de son côté, cultivait ces âmes et les rapprochait de Dieu par ses paroles, par les consolations qu'il leur donnait. Et à cet office de charité il ajoutait le puissant appoint de ses prières, et même de secrètes mortifications. Les anges gardiens savent combien de fois, pendant des mois et peut-être des années, il se privait adroitement de mettre *du sucre dans son café*, pour attirer une bénédiction spéciale sur telle ou telle personne.

Au jour de la grande manifestation des consciences, nous verrons la part de l'admirable abbé Favre dans le retour de beaucoup de protestants à la foi catholique.

Et cependant, ce bon abbé a été l'objet d'un genre de persécution. Dieu le voulait ailleurs. Il avait mis sa part de mérite dans l'œuvre qui lui tenait tant à cœur. Il quitta Nyon, traversa le lac et revint à Nernier. L'*Académie* servait toujours pour l'école des filles ; mais c'était contre le premier dessein de **M.** Favre : *l'Académie* avait été bâtie pour les garçons. Il fallait donc une autre maison pour les filles. Bâtir une maison, faire venir *des Sœurs*, fut le souci et la préoccupation du moment. Mais la première maison, *sa fille aînée*, comme il l'appelait, *l'Académie*, avait coûté tant de peines !... Fallait-il encore se mettre à ramasser du sable et des pierres ? L'abbé tint conseil avec l'ami qui avait partagé la tâche pendant près de deux ans à l'école et au petit pensionnat. Cet ami était

devenu prêtre et curé de Nyon : la conclu-
sion de ce *conseil à deux* fut qu'il fallait se
mettre à l'œuvre. Donc, encore une fois,
l'abbé bienfaiteur de Nernier, prit la pelle,
le levier de fer et le tablier de cuir. M. le
comte d'Antioche, parrain de M. Favre,
donna généreusement un emplacement convenable sur le bord du pré qui borde le
chemin à l'entrée de Nernier. La maison de
saint François de Sales (c'est le nom qu'elle
porte), fut promptement et très-solidement
construite par de très-bons ouvriers.

Une dame de France, fort distinguée, fut
envoyée à propos par Saint-Joseph, selon le
sentiment de M. Favre, pour placer dans
cette nouvelle maison trois excellentes Sœurs
de Saint-Joseph, d'Annecy. Un des vœux les
plus chers au cœur de M. Favre était donc
rempli pour le grand bien de la paroisse
de Nernier (1849).

Citons un petit trait en passant, à l'occasion de la maison de Saint-François de Sales.
Un homme de Nernier, qui aimait beaucoup
M. Favre, le voyant un jour accablé de fa-
tigue, lui dit : « Monsieur l'abbé, au lieu
d'aller ramasser des pierres, reposez-vous et
allez vous coucher. » L'obéissant abbé avait
pour maxime qu'il faut, quand on le peut

toujours faire plaisir et obéir, même à un enfant ; il passa le reste de la journée au lit, pour ne pas désobéir. Il avoua qu'il avait fait une grande mortification ; mais dit-il, « un acte d'obéissance vaut mieux que toutes les pierres du lac. »

NOTRE DAME DU LAC

La Quête. — Le Bazar. — La Consécration.

Comme nous l'avons vu, M. Favre est né le 2 février, fête de la Purification. Toujours il montra une tendre dévotion envers la Très-Sainte Vierge. « Le jour où je n'aurais pas récité mon chapelet, disait-il une fois, je croirais avoir fait un pas du côté de l'enfer. » Pendant son séminaire, il fut fortement impressionné à la suite d'une méditation : sous cette impression, il promit de faire un jour *quelque chose de particulier* en l'honneur de celle qu'il aimait comme sa mère.

A quelques minutes au-dessus de Nernier était un grand pré communal non cultivé, où les enfants conduisaient le bétail. Le conseil de la commune résolut de partager ce champ en un grand nombre de parts qui seraient louées aux habitants pour quelques centimes ou quelques francs au plus. Le père Jean Favre était mort. Son fils, M. l'abbé, eut son lot du pré communal. Sa pensée fut tout de suite fixée : « étant au séminaire, j'ai promis de faire *quelque chose* pour la Très-Sainte-Vierge ; je bâtirai une chapelle sur la part qui m'est donnée. » Or la part échue à M. Favre était dans le haut du champ, dominant le lac, à huit minutes de l'église du village.

Pour la troisième fois, M. Favre est appelé à recueillir le sable et les pierres des bords du lac. Mais cette fois, c'est pour élever un monument en l'honneur de la Très-sainte Mère de Dieu, et pour servir plus directement au bien des âmes. Dès le début de son entreprise, M. Favre formula ses intentions : Ma chapelle sera dédiée à Marie sous le nom de Notre Dame du lac ; et sous ce vocable, quatre causes lui seront particulièrement recommandées : la conversion du canton de Vaud à la religion catholique ; la préservation de ceux qui, voyageant sur le lac de Genève, se recommanderont à la Sainte-Vierge ; — une grâce de conversion par un acte de contrition parfaite avant d'expirer, pour ceux qui, au moment du naufrage, invoqueront Marie ; — la conservation de la foi catholique de St-François de Sales pour Nernier et pour les paroisses dont les habitants fréquentent le canton de Vaud.

Le fondateur ne perdit pas de temps. L'ami qui avait eu l'honneur et le bonheur de tracer avec M. Favre les fondations de l'*Académie* regarde comme une grâce d'avoir tracé avec lui les fondations de la chapelle de Notre-Dame du lac et d'avoir formé, avec la bêche, le premier sillon qui délimitait le plan de l'édifice.

M. Favre avait douze sous pour commencer sa première maison en 1829 ; il n'était guère plus riche quand il posa la première pierre de la chapelle. Sa ressource était toujours la même : la prière et la confiance en Dieu. M. le marquis de Costaz avait été le principal instrument de la Providence pour l'*Académie*. — St-Joseph lui avait envoyé Madame la comtesse de La Rochejaquelein pour l'aider dans la fondation de l'école des filles tenue par les Sœurs de St-Joseph ; — Une famille originaire du canton de Vaud fut choisie de Dieu pour avoir la principale coopération dans l'œuvre de Notre-Dame du lac.

Une pensée originale et féconde, une pensée *à lui* devait avoir pour cette chapelle une vertu providentielle. Etant à Nyon, chez le curé son ami, M. Favre fut témoin de ce que peut la multiplication des petites choses pour rendre un grand service. La charité des habitants du canton de Vaud est traditionnelle ; tous les malheureux y trouvent une généreuse assistance. Pendant un hiver, un appel fut fait à la population de Nyon pour venir au secours des pauvres de la ville. Chacun s'empressa d'envoyer toutes sortes de choses, soit en denrées, soit en objets destinés à être vendus pour en faire de l'argent. Cette charitable industrie fut une lumière pour M. Favre ; il conçut tout un plan de campagne en faveur de Notre-Dame du lac. « je me ferai quêteur, dit-il ; je demanderai non de l'argent, mais tout ce dont on ne veut pas, tout ce qui embarrasse, tout ce qui n'a plus de valeur, tout ce qui est devenu superflu et rebut dans une maison... Ce sera plus pauvre, plus humble, *plus béni*, plus facile à donner, plus agréable à la Très - Sainte Vierge... » M. Favre fit un prospectus sur sa manière de quêter ; on y voyait tout figurer : vieux livres, vieux vêtements, vieux meubles, — petits objets de toilette déjà usés, ébréchés ; canifs et rasoirs rouillés, pipes, cannes, bourses ; — chapeaux de femmes,

chapeaux d'hommes, uniformes militaires,
— vieilles armes, fusils, épées, couteaux ; —
lampes, chandeliers, tasses et services de
table, etc., etc. C'était curieux, étrange, inouï.

Eh bien ! faut-il le dire, le résultat dépassa
la réclame. M. Favre trouva *des quêteuses*
selon le programme : dans le courant de l'année, elles entassaient leurs recettes de toute
nature. M. Favre, durant plusieurs années,
faisait régulièrement un grand voyage :
c'était sa ronde de quêteur, à Lyon, à Paris
surtout ; chaque fois, il avait des douzaines
de caisses à mettre à la petite vitesse.

Mais, direz-vous, le difficile n'était pas de
mettre des malles au chemin de fer, mais
bien de faire de l'argent avec tous ces riens ?

Là était le miracle, au moins l'évidente
bénédiction. Tous les ans, le *Chiffonnier de la
sainte Vierge* (c'est le nom qu'on lui donnait),
réalisait de 1,500 à 2,000 francs. A certaines
époques, deux ou trois fois par année,
M. Favre organisait et annonçait un grand
bazar, c'est-à-dire une vente publique.
Comme c'était en été, les grandes et nobles
dames du pays se faisaient un devoir de ré-
pondre à l'appel ; elles venaient s'établir les
vendeuses du bazar. Chacune d'elles avait
eu soin de faire des invitations dans son en-

tourage. Avant le jour fixé, le pieux abbé avait beaucoup prié, beaucoup fait prier. Les Sœurs et quelques personnes bien dévouées avaient mis de l'ordre dans ce chaos ; elles avaient blanchi, repassé les rubans, nettoyé, astiqué, mis à neuf tout ce qui pouvait en avoir l'apparence. Il faut dire aussi que, sur le nombre, il y avait des objets, des robes, des habits, des étoffes, des meubles, qui avaient de la valeur. Un chapelier de Paris avait donné une fois deux cents chapeaux qui n'étaient plus de mode. Enfin, le résultat de cette industrie était que les murs s'élevaient, que les ouvriers étaient exactement payés, et que cet édifice devenait la belle chapelle de Notre-Dame du lac, la délicieuse petite chapelle de saint Joseph. En toute vérité, on peut dire que chaque pierre de ces deux sanctuaires a été arrosée par les prières et les sueurs du saint fondateur.

Disons que le bazar n'a pas tout fait. Demandez d'où viennent les beaux vitraux ? Qui a fait placer la porte monumentale ? Où a été travaillé l'autel remarquable de la chapelle de saint Joseph ? A ces demandes. il n'y a qu'une seule et même réponse en trois mots : M. Frossard de Saugy, — à Lyon, — à l'atelier de la Buire.

La chapelle était bâtie, elle était ornée ; mais elle n'était pas consacrée. Cette cérémonie fut mémorable. Une grande invitation avait été faite ; des amis arrivèrent en grand nombre de Lyon, de Genève, de Thonon, de Lausanne et d'autres villes du canton de Vaud, de toutes les paroisses du canton de Douvaine. Jamais Nernier n'avait vu une affluence aussi imposante et aussi nombreuse.

Si le bon abbé Favre avait pu être exposé à quelque satisfaction de vanité (ce qui n'a jamais été remarqué en lui), le bon Dieu lui en eût ôté la tentation par une circonstance qui semblait bien malencontreuse. Vers minuit il était encore dans les rues avec une lanterne, conduisant dans une maison un de ses amis et son jeune fils, venus du canton de Vaud pour assister à la fête. Sur le chemin se trouve un homme ivre, sortant du cabaret, qui avait de la peine à se tenir debout et se dirigeait du côté d'Yvoire, autre village à une demi-lieue de Nernier. Rentré dans sa chambre, M. l'abbé réfléchit que cet homme étant ivre, pourrait bien se noyer, parce qu'il devait longer la rive du lac. La conscience timorée du pauvre abbé n'y tient plus : il prend de nouveau sa lanterne et s'en va, par une nuit obscure, cherchant pas à pas s'il ne trouverait pas l'homme ivre couché dans l'eau ou dans un fossé. Il fallait passer par des ravins remplis de terre glaise. Impossible de dire dans quel état il fallut mettre la soutane, les souliers et les jambes en se baissant continuellement, et probablement en faisant bien des chutes. L'homme ne fut pas trouvé sur le bord du lac, de Nernier à Yvoire. Au retour, M. Favre prit un autre chemin, pensant peut-être que l'homme en question aurait suivi ce chemin. Cette fois il fallait, avec la lanterne, regarder alternativement dans les deux fossés qui bordaient la route. Combien de temps fallut-il pour faire ces perquisitions ? Nous ne pouvons pas le dire. Pour bonne raison, l'homme ne fut pas trouvé ; il n'avait pas quitté Nernier. Mais le lendemain matin, grand jour de la consécration de la chapelle, nous trouvâmes M. Favre avec une figure bien fatiguée et une soutane couverte de terre humide. — « Oh ! dans quel état vous êtes, M. l'abbé ! » — « Mon enfant, si tu savais ce qui m'est arrivé cette nuit ! » Il lui était arrivé ce que nous venons de raconter. Il y a dans ce fait ignoré un héroïsme de charité : on ne trouve cela que dans la vie des saints.

M. l'abbé Mermillod (il n'était pas encore évêque), avait bien voulu prêcher. C'était déjà cette parole facile, brillante, pleine de cœur et de foi, qui depuis lors a tant servi la cause catholique en Suisse, en France, à Rome. Que le grand évêque daigne encore recevoir, à vingt ans de distance, les remerciements des amis de M. Favre et des habitants de Nernier ; que des bénédictions lui arrivent du ciel par les prières du fondateur de Notre-Dame du Lac.

En ce jour mémorable, M. Favre célébra la grand'messe ; elle fut chantée par les hommes, enfants de Nernier, qu'il avait élevés et qu'il avait formés lui-même au chant. Pendant le sermon et pendant toute la messe, il versait d'abondantes larmes ; mais des larmes de joie et de vive gratitude envers Dieu, de tendresse envers Marie, qui, dans ce lieu, s'appellerait désormais Notre-Dame du Lac.

M. Favre continua ses voyages, ses quêtes et ses bazars encore quelques années : il restait quelques dettes à payer. Une fois, outre les mille choses renfermées dans les caisses, il rapportait une jolie somme de 500 francs. Il avait serré les écus dans un linge. En déballant les caisses à son arrivée, il ne trouve plus le dépôt confié à la caisse : la somme avait été volée. Sans s'émouvoir, il se rend chez les Sœurs et il leur demande en grâce de faire une communion pour un malheureux qui avait offensé le bon Dieu et oublié sa sainte présence. La Supérieure dit qu'elle n'avait pas la force de faire ce qui lui était demandé. Il lui dit : « Mon enfant du bon Dieu, la charité parfaite le veut. »

En faisant ses tournées, comme l'abeille qui recueille son butin pour l'apporter dans sa ruche, M. Favre séjournait volontiers quelques jours, même quelques semaines, chez les personnes qui étaient ses pourvoyeuses. Il fit ce plaisir une fois à une très-honorable et très-chrétienne famille du Vendomois. Mademoiselle des M... avait auprès d'elle ses neveux, jeunes gens de cœur et de foi qui avaient exposé leur vie au service du Saint-Père. L'abbé était ravi de ces zouaves ; ceux-ci étaient en admiration devant le caractère et la vertu de l'abbé. La tante, déjà avancée en âge, nous raconte ainsi le souvenir de cette mémorable visite :

« Bénies soient à jamais les circonstances qui nous ont permis de connaître le saint abbé Favre ! Son souvenir est resté vivant au milieu de nous, tout parfumé d'édification, bien qu'il n'ait fait pour ainsi dire que passer, car il ne put rester que quelques jours avec nous, à la veille de la déclaration de guerre, en juin 1870. F. et S. allaient repartir pour Rome, où ils reprenaient leur service dans les zouaves. C'était un titre à toute la sympathie de ce zélé serviteur de l'Eglise ; aussi, leur témoignait-il une affection dont ils étaient bien touchés. Ils m'ont raconté que ce bon abbé aimait à poser sa tête sur leur cœur, et qu'il baisait quelquefois leur scapulaire. Toute la journée, en allant et venant, en montant les escaliers, on l'entendait prier avec autant de ferveur que s'il eut été dans une église.

« Il me rappelait la simplicité de Saint-Jean. Je n'oublierai jamais la confusion que j'éprouvai lorsqu'à son arrivée aux D..., il me demanda de le considérer comme mon fils, parce qu'il se regardait comme lié par un vœu d'obéissance à la personne qui était à la tête des maisons dans lesquelles il allait ; il me pria de trouver bon qu'entre nous il m'appelât sa mère. J'étais, je l'avoue, fort embarrassée ; mais il y avait en lui l'esprit d'enfance chrétienne, et une certaine ingénuité à un tel degré que bientôt je fus tout à mon aise. Il me demandait la permission de monter dans sa chambre, d'aller se promener, comme aurait fait un petit enfant très-obéissant. Je me souviens qu'une fois, ayant fait une longue promenade avec mes neveux, il rentra tout fatigué. Je l'engageai à se reposer, et même à se mettre sur son lit. Je vis bien que ce n'était pas de son goût... mais sans réflexion autre, il me dit : « Eh bien ! vous croyez, j'y vais. » En redescendant au salon, il me remercia de *l'ordre* que je lui avais donné, ajoutant que j'avais eu bien raison de l'envoyer se coucher ; que ça lui avait fait beaucoup de bien. Il venait quelquefois me dire : « Ma mère, trouveriez-vous bon que je me retire pour écrire quelques lettres ; » ou une autre fois : « pour dire mes *Ave Maria.* » Ces permissions étaient demandées avec un ton si naturel, si simple que jamais cela n'a paru extraordinaire. Ces actes de vertu ont laissé un souvenir d'édification qui n'est pas effacé à six ans de distance.

« Ce saint abbé compatissait aux peines de ses amis, comme si le Cœur compatissant de Jésus lui avait donné son amour pour les âmes : ce sentiment lui avait inspiré de réciter chaque jour une partie de son chapelet *pour les gens qui ne savent où donner de la tête tant dans l'ordre spirituel que dans l'ordre temporel.* Que d'âmes secourues par ces *Pater* et ces *Ave,* si charitablement offerts pour des inconnus !

« Sa conversation était gaie ; il avait de l'originalité dans ses expressions : *Magnificat !* était son exclamation habituelle en toute rencontre. On sentait que le cœur parlait par ses lèvres. Une personne étrangère ayant une seule fois entendu sa messe dans la chapelle, en a gardé un souvenir qui existe encore. Il nous a quittés, emportant notre vénération, et nous laissant une sainte affection qu'il nous a maintes fois témoignée dans ses lettres. Dieu lui avait donné de comprendre la vie de famille ; il semble en avoir été l'apôtre, il en connaissait les difficultés, les épreuves et savait apprendre à les surmonter ou à s'y résigner, en prêchant la soumission à la volonté de Dieu. Saint abbé Favre, du haut du ciel, protégez toujours ceux que vous aimiez sur la terre ! »

DERNIÈRES ANNÉES

Infirmités. — Hôpital. — La Portioncule. — Les Fondations. — Le Don de la Chapelle. — La Mort et les honneurs de la Sépulture.

La bonté de Dieu accomplissait successivement tous les vœux de son serviteur.

Il avait bâti une école pour les garçons. La commune ayant affecté à cette même destination l'ancien presbytère, M. Favre donna, par un acte officiel, son *Académie* à la commune de Nernier, qui en a maintenant la propriété.

L'école de filles existe : c'est une maison bien convenable ; et les Sœurs institutrices ont une existence assurée, grâce à l'héritage de l'abbé Favre et à la générosité d'une grande bienfaitrice.

Le charitable abbé a couronné ses œuvres en élevant la chapelle de Notre-Dame du lac. Cette charmante chapelle devient une espèce de pèlerinage connu et visité. Le bon prêtre l'a placée à quelques minutes du village ; on aperçoit au loin son joli clocher blanc ; au-dessus de la chapelle est une grande statue de la sainte Vierge, regardant le cher canton de Vaud et tournée vers l'église de la paroisse. « Notre-Dame du lac, disait le bon abbé, fait son adoration à son divin Fils dans notre église de Nernier.»

Tout cela avait demandé de longues années et avait coûté beaucoup de peines. La tâche de l'homme de Dieu était remplie ; il pouvait dire avec confiance son *Nunc dimittis.* Comme le divin Maître, il avait passé en faisant le bien. Il semble qu'il n'y avait plus qu'à recevoir sa récompense.

Mais Dieu voulait embellir la couronne et épurer l'or dans le creuset de la tribulation.

Monsieur Favre avait joui d'une bonne santé. « Je pourrais, disait-il, faire le tour du monde à pied, pourvu que je ne sois pas pressé. » Cependant, depuis plus de vingt ans, il se plaignait de deux indispositions : pendant la nuit, il dormait peu, parce qu'il éprouvait des *inquiétudes* dans les jambes, qu'il fallait remuer à tout instant ; pendant le jour, le sommeil l'importunait continuellement.

Mais depuis sept ou huit ans, une infirmité prenait un caractère de plus en plus grave. Dieu seul connaît tout ce que ce saint homme a enduré de vives douleurs et d'humiliations. Combien de fois on l'a vu pleurer dans les wagons tant la souffrance était violente ! Nous avons été le témoin désolé de ses inexprimables tortures pendant son séjour d'une huitaine de jours dans la Maison des Missionnaires du Sacré-Cœur, à Issoudun.

A partir de cette époque, il fut décidé que monsieur Favre ne voyagerait plus et qu'il se fixerait à l'hôpital catholique de Plain-Palais, tenu par les Sœurs de charité, près de Genève. Là, il était à portée de voir le médecin et d'être soigné par un infirmier, le jour et la nuit. Les Sœurs lui prodiguaient leurs soins les plus dévoués ; elles lui rendaient la vie non-seulement supportable, mais encore agréable, par toute espèce d'attentions.

Les épreuves corporelles n'étaient pas seules : les peines d'esprit venaient à tout propos tourmenter sa conscience. Le remède était le voisinage de monsieur l'aumônier, qu'il allait consulter, souvent pendant le jour, quelquefois pendant la nuit.

Sous l'étreinte de ses peines physiques et

spirituelles, le bon abbé conservait sa gaieté. Toutes les vertus : l'humilité, l'obéissance le détachement, la patience, la compassion pour ceux qui souffrent....., se perfectionnaient par un exercice incessant et par un désœuvrement forcé. Tout devenait souffrance et tout était mérite.

Quelques grandes consolations sont venues adoucir cette vie crucifiante. La principale est celle de l'indulgence de la Portioncule, obtenue par le crédit d'une personne toute dévouée à Monsieur Favre et à ses œuvres. Cette bonne et si chrétienne servante de Dieu, mademoiselle Kœpper, éiait en relation avec lui depuis plus de trente ans. Elle usa de son influence pour obtenir cètte précieuse grâce. Et comme Monseigneur l'Evêque d'Annecy exigeait qu'un Triduum de prières et de prédications précédât et préparât cette fête du 2 août, mademoiselle Kœpper s'entendit avec le Père Vandel pour faire une rente annuelle suffisante.

Rien de plus édifiant que le concours amené par cette fête à Notre-Dame du lac : prêtres, familles nobles du pays, multitude de fidèles, arrivent à Nernier, surtout pour le troisième jour des exercices. Un missionnaire est appelé pour les prédications ; il est au service des pèlerins, ainsi que Monsieur le Curé de Nernier, pour entendre les confessions ; Messieurs les curés du pays annoncent cette fête dans leurs paroisses, et beaucoup de fidèles, après s'être confessé dans leur propre église, viennent à Notre-Dame du lac pour gagner les grandes indulgences.

Monseigneur l'évêque d'Annecy éprouvait une grande satisfaction l'année dernière, en apprenant que des personnas distinguées, messieurs, dames, demoiselles de grandes familles, étaient venues se mêler humblement à la masse de la population et prier à genoux dans la chapelle, pour avoir leur part des grandes faveurs accordées par les Souverains Pontifes, selon la recommandation que Notre-Seigneur avait faite lui-même à Saint François d'Assise.

Mais si le concours a été considérable les deux premières années, et si la satisfaction du peuple était grande en voyant l'humble et pieux abbé Favre assister en personne aux exercices de la Portioncule, l'affluence sera autrement plus grande maintenant que son corps semble répandre dans cette chapelle une odeur de sainteté.

Dans le courant de l'année, la chapelle n'est pas déserte. Deux fondations assurent chacune la célébration d'une messe par mois à perpétuité. La piété des fidèles, leur vénération pour M. Favre, sont la cause que des messes sont demandées et sont dites à peu près toutes les semaines à Notre Dame du lac.

Trois circonstances démontrent en particulier que la Providence, comme nous l'avons déjà vu, s'est occupée avec complaisance de Monsieur l'abbé Favre et de ses œuvres. Trois noms bien respectables, et l'un de ces noms plus particulièrement honorable par la haute position de la personne, se rattachent à ces trois circonstances: nous demandons en tout respect et reconnaissance, au nom de Monsieur Favre et au nom de ses amis, la permission de les faire connaitre.

Il y a deux ans, la persécution qui désole et qui déshonore le canton de Genève expulsa les Sœurs de charité, dont le crime était d'user leur vie au service des malades, catholiques et protestants. Monsieur Favre était au nombre des malades. Ce cher abbé eut un instant d'inquiétude : mais grâce à Dieu il fut bien vite rassuré. Un prêtre, son ami, curé de la paroisse, s'offrit à recevoir chez lui le pauvre prêtre, et à lui continuer avec la plus généreuse affection les soins et les consolations qu'il avait trouvées à l'hôpital depuis plusieurs années. La reconnaissance était une des belles vertus de M. Favre ; nous croyons que des bénédictions très-grandes descendent du Ciel sur son ami, son conseiller, son confesseur, son consolateur, Monsieur le curé de St-François ; et aussi sur les personnes qui ont partagé sa charité.

Une autre très-grande consolation qu'à éprouvée Monsieur Favre, c'est l'acceptation du don de sa chapelle par Monseigneur l'Evêque d'Annecy : c'était à ses yeux le sceau de la stabilité sur son œuvre de prédilection : l'exercice du culte dans sa chapelle était assuré, et par là même les exercices de la Portioncule et tous ses bons effets. Le nom de St-François de Sales était pour ce digne prêtre du Chablais une autorité, une protection, un gage de bénédiction certaine. Quand il apprit que Sa Grandeur adoptait tout, patronnait tout, comme une propriété épiscopale, diocésaine ; en un mot que les conventions proposées avaient été mûrement examinées et définitivement réglées par son Evêque, il sentit son cœur déborder en reconnaissance et en bénédictions.

La troisième circonstance et la troisième personne qui ont été pour Monsieur Favre, pour sa chapelle, pour la Portioncule, un vrai don de la Providence, c'est Monsieur le curé de Nernier. Nous n'osons pas insister ; la modestie de l'excellent prêtre nous en ferait un reproche, et nous ne le voulons pas. Nous allons voir le témoignage de reconnaissance et d'admiration rendu par la Révérende Supérieure.

Vous aussi, vénérée Sœur, et vous tous parents, amis et bienfaiteurs de Monsieur l'abbé Favre, vous méritez bénédiction et récompense : elles ne vous feront pas défaut, Le Ciel révèlera le mérite du prêtre notre ami, et fera apprécier la grâce de l'avoir connu et aimé.

Nous touchons à la fin de cette belle vie : donnons quelques détails sur sa précieuse mort et sur les honneurs qui lui ont été rendus par la vénération publique. Deux témoins les plus autorisés nous les donneront : Monsieur le curé de St-François de Sales, à Plain-Palais (Genève) ; et la Révérende Sœur Supérieure de l'école des filles, à Nernier.

Plainpalais, le 8 mars 1876.

Mon Révérend Père,

« Je reçois seulement aujourd'hui votre

lettre d'adieu à notre vénéré cher défunt. Si du moins elle était arrivée lundi, elle aurait pu être mise dans son cercueil ; il eût été consolé de vos sentiments si pleins d'amitié et de religion. Mais vous êtes impatient, n'est-ce pas, que je vous parle de notre incomparable et saint ami. Oui, il est saint, et sa mort a été celle d'un saint. Son agonie bien prononcée a commencé à la première heure du 3 mars, premier vendredi du mois. Elle s'est prolongée jusqu'à 8 heures précises du soir. Jusqu'à 8 heures du matin, il avait un peu d'agitation ; de 3 heures à 8 heures, il a été immobile, sa tête un peu penchée à gauche. Sa respiration un moment était un peu grasse, puis, elle s'est éclaircie. Sa bouche ouverte s'est graduellement fermée, ç'a été son dernier soupir ! En fermant la bouche, un léger frémissement s'est produit aux lèvres ; ce fut tout. Nous étions à ce moment tous réunis à genoux autour de son lit. Nous venions de réciter le chapelet et les litanies de la Sainte-Vierge. Un de mes vicaires lut les prières de la recommandation de l'âme, ce que déjà nous avions fait bien des fois depuis minuit, à chaque changement dans l'état du malade. Quand il eut terminé, nous dîmes : *Amen !* et M. Favre s'éteignit. En même temps, l'horloge sonna 8 heures. Voilà le jour de l'agonie et le soir de la mort de votre bon père. Toute la journée, un prêtre, tantôt l'un, tantôt l'autre, avait été auprès de lui, avec la garde-malade. La journée se passa en prières. Quand nous lui inspirions de bénir ses amis, ses parents, ses connaissances, il le faisait aussitôt avec une grande effusion du cœur. Il ne pouvait pas parler distinctement. Nous lui faisions faire des actes de religion qui le consolaient visiblement. Je crus avec amertume qu'il ne pourrait pas communier. Cependant la Sainte-Vierge vint à mon secours. Je mis le quart d'une sainte hostie dans une cuillerée d'eau de la Salette, et tout alla bien. Je lui donnai l'extrême-onction et l'indulgence plénière. Enfin, je lui ai présenté le Saint-Ciboire devant les yeux, pour qu'il pût l'adorer encore une fois. Il tressaillit : que se passa-t-il ? Notre-Seigneur et sa Mère lui auraient-ils apparu, mais sans rien lui dire ? Il a dit cela à la garde et il aurait même ajouté qu'il voulait garder son secret pour lui. Il a aussi bien des fois réclamé le crucifix qu'il avait vu au pied de son lit, *et il n'y en avait pas.*

« A peine expiré, nous prêtres, l'avons habillé et revêtu des ornements sacerdotaux, violets, selon la rubrique. Nous l'avons mis en chapelle ardente, tendue de noir. Il fut visité et admiré par une foule pieuse, le samedi et le dimanche. Lundi, à 9 heures, M. l'archiprêtre Fleury est venu faire la levée du corps. L'église était remplie des membres de nos sociétés religieuses et charitables. Au milieu était le catafalque avec les 48 cierges ; à l'autel tendu de noir brûlaient 12 cierges de cire d'une livre. La cloche jetait ses grandes volées. C'était imposant. Le *Subvenite* chanté, on entonna le premier nocturne de l'office des morts avec l'invitatoire ; puis on célébra la sainte messe solennelle. Deux vicaires de Genève faisaient diacre et sous-diacre. Après l'absoute, les prêtres conduisirent le cercueil au corbillard, et M. le curé de Nernier l'emmena. J'avais le cœur navré de ce départ. — Puisse notre père être réjoui par la respectueuse affection que nous lui avons témoignée pendant les derniers jours de sa maladie. Puissent les honneurs rendus à sa vénérable dépouille me mériter sa protection. »

Adieu, Très-Révérend Père, agréez, etc.

L'abbé CLOCHET,

Recteur de St-François (Plainpalais),
Genève.

Nous venons de recevoir le dernier soupir de Monsieur l'abbé Favre et de voir comment meurt un saint.

Voyons maintenant la vérification de ce proverbe : la voix du peuple est la voix de Dieu.

Nernier, 10 mars 1876.

Mon Révérend et bon Père,

« Je ne suis pas la première à venir à vous, après les circonstances que nous venons de traverser ; mais c'est aujourd'hui seulement qu'il m'est possible de trouver un instant pour verser dans votre bon cœur la peine du mien. Le bon Dieu qui n'envoie pas des épreuves sans mettre la consolation à côté, nous a accordé celle de posséder les restes de notre saint bienfaiteur. Impossible de vous dire combien je suis heureuse de le sentir dans sa chère chapelle, où nous pouvons encore prier près de son cercueil. Comment vous dire le dévouement, la bonté que Monsieur le curé a mis pour que la sépulture fût aussi bien que possible. A la première nouvelle de la gravité de l'état de Monsieur l'abbé, il est venu avec moi à Genève ; mais à mon grand regret, nous sommes arrivés trop tard ; car nous l'avons trouvé sur son lit de parade. Monsieur le curé est allé le chercher lundi. Au retour, il a lui-même préparé, pendant une partie de la nuit, la charpente pour le catafalque. Nous l'avons décoré de notre mieux : le luminaire était convenable ; j'ai fait prendre pour 121 francs de cierges. L'autel était recouvert de noir et parsemé de larmes. Jamais à Nernier ni aux environs l'on n'a vu des funérailles aussi remarquables. Malgré la pluie torrentielle qui est tombée toute la matinée, le monde ne s'est pas découragé : il y a eu grande affluence ; le parcours depuis la ferme jusqu'à la chapelle était rempli, sans compter les personnes qui attendaient à la chapelle. Le nombre a été évalué à 1,200. Je ne vous dirai rien de la famille de Saugy, qui est venue de Paris pour assister à la sépulture de leur saint ami ; M. Paul et Mlle Sophie ont représenté ; deux personnes nous ont manqué : M. A. et..... Mon Dieu ! que je vous ai désiré ! mais le bon Dieu ne l'a pas voulu.

« Le corbillard qui nous a amené notre vénéré abbé est arrivé à la maison vers les trois heures de l'après-midi. La population de Nernier l'attendait vers l'*Académie*; déjà le son des cloches de Messery nous avait averti de son passage. Il fut déposé dans la

Maison de Saint-François. Que nous avons été heureuses de le posséder une nuit ! Monsieur le curé de Nernier a dit à la foule qui se pressait, d'attendre l'ouverture du cercueil, en promettant qu'il resterait découvert et exposé à la vénération de tout le monde : ce qui fut fait. Après trois jours depuis la mort et malgré un trajet de 4 heures, il n'était pas décomposé. Loin de nous inspirer de la frayeur comme il arrive ordinairement auprès des morts, l'on était attiré par la consolation. Chacun s'empressait de faire toucher des objets de piété, médailles, livres, chapelets, etc.... Le matin encore, les personnes venues de loin demandaient à faire rouvrir le cercueil, et lorsque nous leur disions qu'il était plombé, on nous demandait la grâce de baiser au moins l'étole. Comme tout cela était édifiant ! Combien j'aurais voulu que vous fussiez là, mon révérend Père, pour jouir de cette consolation !

Messieurs les ecclésiastiques se sont rendus avec empressement à l'invitation de M. le curé ; ils étaient quatorze. Monsieur l'archiprêtre s'est fait un honneur d'y assister, et il a adressé de bien belles paroles aux habitants de Nernier. Il a dit entre autres choses, qu'ils sont bien heureux de posséder un

saint, et il faisait l'énumération de ses vertus. Enfin je n'en finirais pas si je voulais
vous dire toutes les belles et consolantes
choses que nous avons vues. Que de fois j'ai
béni le bon Dieu de nous avoir donné le
curé que nous avons et qui a déployé dans
cette circonstance tant de solennité, de zèle
et aussi de générosité !

Votre respectueuse,

Sœur SOPHIE.

Nous nous arrêtons sur le tombeau de
M. l'abbé Favre ; nous y déposons notre
cœur et ce petit livre.

Ce court travail, sur la vie de M. l'abbé Favre, n'est
pas complet ; c'est une première partie, plutôt histo-
rique, qui en appelle une deuxième comme étude du
caractère et des actes de vertu.

La moisson est abondante ; les épis sont beaux et
nombreux : nous ne voudrions pas les laisser perdre.

Si le temps nous le permet, et si la générosité de
quelques amis de M. Favre nous vient en aide pour
partager les frais d'impression, une partie plus intéres-
sante encore fera suite à la présente notice.

Pour la composer, nous recevrons avec grande reconnaissance les particularités édifiantes, aimables, cu-

rieuses, qui nous seraient communiquées. Il y a tant à
admirer dans la vie si belle et cependant si simple, de
ce très-digne prêtre ! Le soin religieux à conserver ce
que nous savons, ce que nous avons vu et entendu
pourra plus tard être un grand service si l'Eglise avait
des raisons pour glorifier ce serviteur de Dieu.

FIN.

Issoudun. — Imp. de A. Gaignault.

www.ingramcontent.com/pod-product-compliance
Ingram Content Group UK Ltd.
Pitfield, Milton Keynes, MK11 3LW, UK
UKHW021157220726
13924UKWH00003B/1167

9 782019 660475